REMERCIMENT

DES HABITANS

DE LA VILLE DE PARIS

A SA MAJESTE',

AU SUJET DE L'ACHEVEMENT

DU LOUVRE.

M. DCC. XLIX.

REMERCIMENT

DES HABITANS

DE LA VILLE DE PARIS

A SA MAJESTE',

AU SUJET DE L'ACHEVEMENT

DU LOUVRE.

IRE,

LES vœux de Vos Sujets font enfin éxaucés. Vous avez

A

décidé du sort de l'Edifice de Vôtre Royaume le plus important à Vôtre gloire & à la sienne, & Vos ordres sont donnés pour achever le Louvre. Il n'appartient qu'aux grands Rois d'étonner la postérité par des Monumens qui immortalisent leur Regne, & le Louvre seul pouvoit remplir cet auguste projet.

C'étoit depuis long tems un sujet de douleur bien sensible aux vrais François & aux Citoyens zélés pour leur Patrie, d'avoir dans le sein de leur Capitale un Palais d'une aussi rare beauté, & de le voir non seulement imparfait, & livré par son abandon à une ruine

prochaine, mais encore en-
feveli dans le deshonneur, &
fermé aux regards même de
Votre peuple, & à l'admira-
tion des Etrangers. Nous
avions d'autant plus lieu de
gémir fur fon déplorable état,
que ce fuperbe Périftile eft
l'ouvrage d'un François, &
peut-être le plus honorable à
la France. Eh! qu'eft-ce qui
fait la gloire d'une Nation?
Qu'eft-ce qui met le fceau
éternel à fa véritable grandeur, finon les chefs-d'œuvre
dans les Lettres & dans les
Arts? Si Paris n'eût eu qu'un
exemplaire des ouvrages di-
vins de Corneille, de Racine,
& de Moliere; & qu'un ordre

bizare mais abfolu, l'eût en-
fermé dans un cabinet inac-
ceffible, de quelles ténébres
cette barbarie eût obfcurci le
génie François, fupérieur par
les immortelles productions
aux modeles même les plus
parfaits de l'Antiquité? A quel
état humiliant de médiocrité,
cet attentat eût fixé fa réputation qui remplit aujourd'hui
les deux Hémifphéres, & que
nos meilleurs écrits préfens &
à venir n'euffent peut-être ja-
mais élevée au même point
de grandeur! Comment au-
rions-nous pû, fans la publi-
cité de ces glorieux titres,
convaincre tous les peuples
fçavans de l'Europe de notre

primauté Littéraire, & sur-
tout dans le double Poëme
Théatral ? Il en eſt de même,
SIRE, de l'ouvrage admirable
de Perrault, & de la ſublime
ordonnance de ces majeſtueux
Portiques, rivaux de ceux
d'Athènes & de Rome par
leurs ſçavantes proportions,
& leur magnifique étendue,
qui forment la ſuperbe façade
de votre Palais. Elevés au mi-
lieu de nous, & interdits à nos
regards, on eut été réduit à
les admirer dans des deſcrip-
tions, ou dans des gravures.
Mais quelle froide admira-
tion ! Quel parallele en Architecture de la vûe des deſſins,
avec celle du corps de l'édi-

A iij

fice! N'est-ce pas celui de l'ombre avec la réalité? L'aspect seul de la grandeur de toutes ses parties, de la justesse de leurs proportions, & de l'harmonie qui en résulte, porte à l'ame cette impression de majesté qui la ravit, & que rien ne sçauroit égaler ni suppléer.

Combien d'Etrangers dans l'impuissance de venir à Paris, ont estimé impraticable l'élévation de ce merveilleux Palais sur les dessins gravés qui leur en sont parvenus! Plusieurs Architectes concurrens de Perrault, jaloux de l'excellence & du succès de son dessin présenté à Louis XIV.,

& ne pouvant défavouer la
fublimité de fon ordonnance
qui força l'envie même à l'ap-
probation, fe vengerent en
foutenant fon exécution im-
poffible. Quel projet chiméri-
que, dirent-ils, de vouloir
élever une Architecture folide
fur de telles proportions ?
A-t-on l'exemple de quel-
qu'édifice où les architraves
& les plat-fonds, ayent une
portée de cette étendue dans
les entre-colonnes ? A peine
l'entablement & l'attique fe-
ront conftruits, que l'on verra
par leur charge affaiffer ces
platte-bandes hardies, & la
ruine de l'édifice eft certaine.
Génies vulgaires ! Cenfeurs

A iiij

aveugles ! qui ignoroient les reſſources de ce grand Architecte dans la ſcience de la Géométrie & de la Méchanique, & ſur-tout dans celle du Trait, & de la Coupe des pierres ; ſcience qui tient du prodige, & dont l'œil admire d'autant plus les merveilles, qu'il les voit avec effroi. Ce fut par elles que Perrault triompha ſans peine des impoſſibilités qu'on lui oppoſoit.

Colbert, fortement perſuadé que ſans l'étude des hommes & de leur valeur, le Monarque eſt ſans force, & le Miniſtre ſans réputation, non ſeulement connoiſſoit les grands talens, mais il les mesuroit au point de calculer les différences de leur étendue. Sûr de celle de Perrault, il méprise les menaces de ses envieux, quoiqu'importantes en apparence, & adopte son plan avec une hardiesse tranquille. On travaille à l'exécution, l'ouvrage s'éleve, & leurs cris continuent. Qu'est-il arrivé ? Le tems a démontré leur ignorance, & éternisé l'habileté de l'Architecte. Depuis soixante & dix-neuf ans ce miracle de l'art, cette Colonnade subsiste avec autant de fermeté & d'immobilité dans toutes ses parties, qu'aux premiers jours de sa construction.

Rien n'eût manqué, SIRE,

aux defirs de vos Sujets, ni au fuprême honneur du Louvre, s'il eût pu voir l'Image de fon Bienfaiteur placée à fon entrée, ne pouvant jouir du bonheur de le poffëder. Mais c'eût été pour lui trop de faveurs à la fois, après celle d'avoir été tiré de fon aviliffement, & rendu à la décence. Bientôt l'exécution de Vos ordres, va impofer filence aux infultes de nos Voifins. Bien-tôt nous n'aurons plus à rougir de leurs reproches humilians de légèreté & de mépris pour nos plus excellentes productions, dès qu'elles ont perdu le mérite national, fupérieur

à tous les autres, celui de là
nouveauté.

Quelle joie pour les habitans de cette Ville, SIRE,
& pour tous les François,
lorsque ces bâtimens ennemis
de Vôtre gloire & de la nôtre,
tomberont à la voix de Votre
Majesté, & que leur chûte
nous découvrira le plus magnifique spectacle en ce genre
dont les yeux puissent être
frappés ! Quel beau jour pour
cette Capitale ! C'est alors que
toutes les voix de vos Sujets
déja réunies pour bénir le Monarque qui a donné si géné-
reusement à toute l'Europe
une Paix si desirée & si long
tems attendue, formeront de

nouveaux concerts d'accla-
mations pour rendre graces
à Votre Majefté d'en avoir
employé les avantages & les
heureux loifirs à relever le
goût des Arts , & à donner
de l'émulation aux Talens par
le libre afpect & la perfection
de ce modèle incomparable.

Ce témoin authentique &
éternel de la fublimité du génie de la Nation , nous Vous
le devrons uniquement, SIRE.
Il a illuftré le regne de Votre
Prédéceffeur , il immortali-
fera le Vôtre. Louis XIV,
l'a enfanté & prefque aban-
donné dès fa naiffance par le
malheur des guerres & la fa-
talité des tems ; Louis XV,

après avoir donné la Paix à ses Sujets, l'aura porté à son plus haut degré de splendeur.

Et Vous, dont la vigilance & l'habileté concourent si heureusement au bien de l'Etat, aussi sages Ministres, que Citoyens ardens pour l'honneur de la Patrie & la gloire de votre Roi, qui avez reçû de ses bontés, des ordres si favorables à nos desirs : Vous, dont le nom illustre est depuis si long tems en vénération à tous les Citoyens, & qui a mérité à tant de titres la confiance la plus intime & la plus distinguée de nos Rois pour le Gouvernement important de leur Capitale, modèle de celui de toutes les Villes du Royaume; Vous, fidele difpenfateur de fes tréfors, inftruit par la no- bleffe de vos fentimens, que le plus digne ufage des ri- cheffes du Souverain, après le foulagement de fes peuples, c'eft de les employer à éternifer la mémoire de fon Regne par de célébres Monumens; que ne vous devra pas la Ville de Paris, pour avoir applani tou- tes les voies à ce fujet, que d'autres Miniftres moins ja- loux de la grandeur des Fran- çois & de leur propre gloire, auroient pû fermer dans les tems les plus favorables! Vous enfin, entre les mains de qui Sa Majefté a dépofé le foin particulier & l'honneur de ſes Palais , auſſi-bien que celui des beaux Arts , & qui juſti-fiez tous les jours ſon choix par votre zèle pour leur pro-grès , & la ſage diſtribution de ſes récompenſes; Vos noms précieux à toute la nation , vont marquer l'époque de ſa gloire. Unis au nom ſacré de Sa Majeſté, ils ſeront gravés encoreplusprofondémentdans nos cœurs que ſur les marbres & les métaux qui les attendent pour les annoncer à toute la terre. Ils publieront éternelle-ment que la magnificence de Louis XV. a donné à la France ſon Palais achevé ; mais ils diront en même-tems que c'eſt votre activité, & votre ambition pour la célébrité de ſon Regne, qui en ont hâté, ſoutenu & perfectionné les travaux.

Heureux vos Sujets, grand Roi, ſi leur zèle pour la Patrie eſt un hommage digne de Vous, & ſi la durée immortelle de ce Monument, en apprenant Votre grandeur à la poſterité, peut l'inſtruire encore de leur amour & de leur reconnoiſſance. Ce ſont les vœux,

SIRE,

De vos très ſoumis, très fideles, & très affectionnés Sujets, LES HABITANS DE LA VILLE DE PARIS.